Stefanie Drecktrah · Mareike Hahn

Rechtschreiben mit Rico Schnabel 1

Selbstständig Rechtschreibung und Grundwortschatz trainieren

Name: ______________________________

Klasse: __________

Mildenberger

Inhaltsverzeichnis

1 Klatsche die Silben.

2 Male die Silbenbögen.

1 Klatsche die Silben.

2 Male die Silbenbögen.

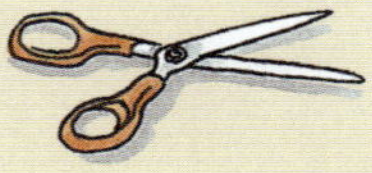

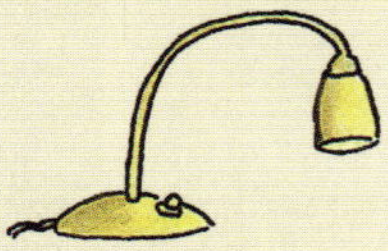

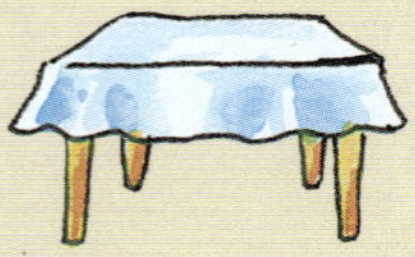

1 Klatsche die Silben.

2 Male die Silbenbögen.

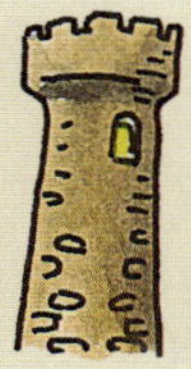

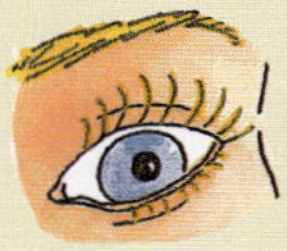

Verbinde die Buchstaben.

Aa	Nn
Bb	Oo
Cc	Pp
Dd	Qq
Ee	Rr
Ff	Ss
Gg	Tt
Hh	Uu
Ii	Vv
Jj	Ww
Kk	Xx
Ll	Yy
Mm	Zz

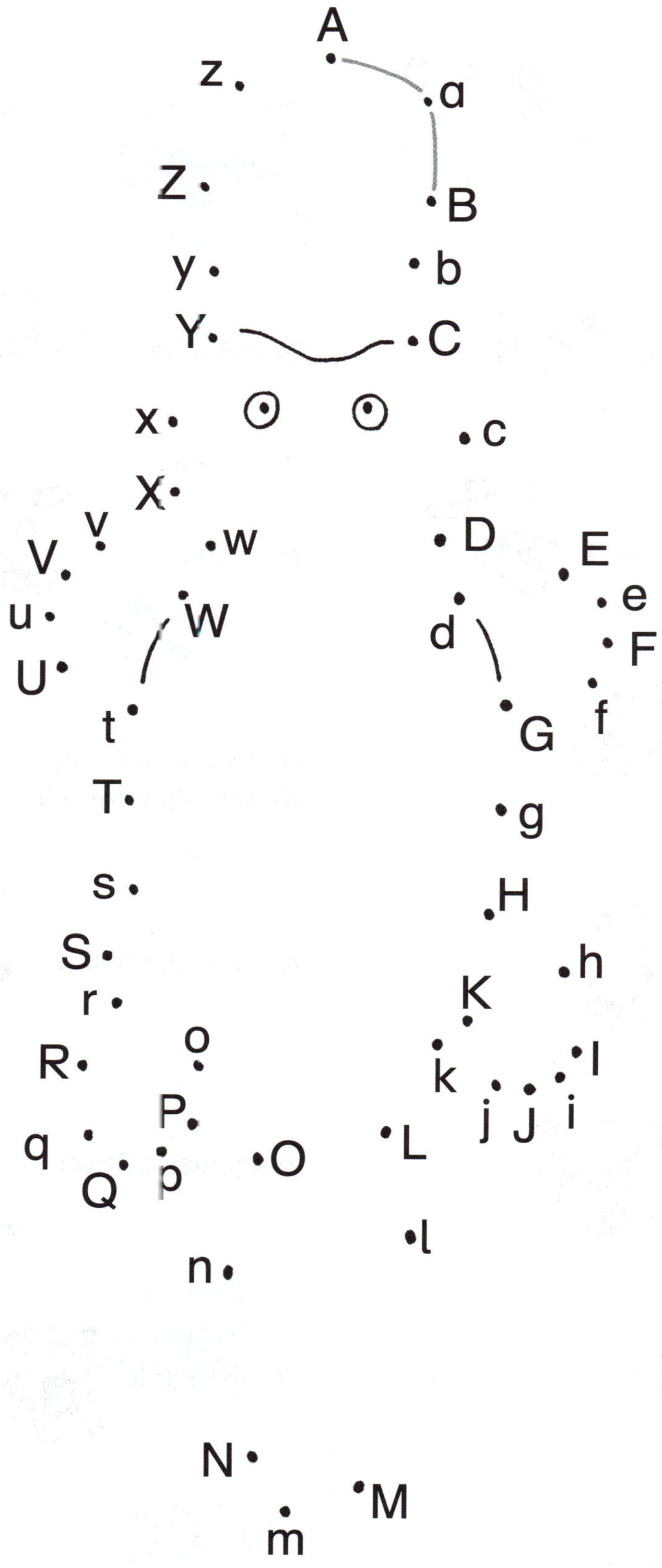

Spure die Buchstaben nach. Wiederhole es mehrmals.

A a

B b

C c

D d

E e

F f

G g

H h

I i

J j

K k

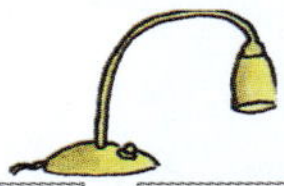
L l

M m

N n

O o

P p

Q q

R r

S s

T t

U u

V v

W w

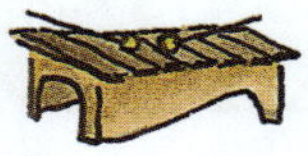
X x

Y y

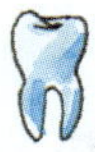
Z z

Verbinde.

Ro | Bo | Re — se

Na | Lo | No — te

Lu | La | Lö — we

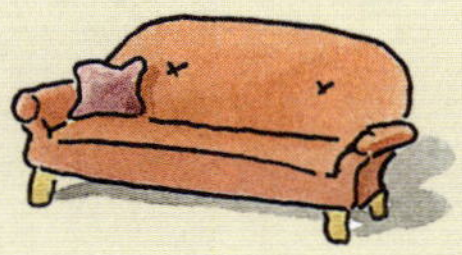
Sa | So | To — fa

Ho | Hi | Fo — se

Nu | Na | Ne — me

Le | Bi | Li — mo

Ra | Ka | Ro — be

La | Lo | Lu — pe

Ta | Tü | Lü — te

Nu | Na | Ma — se

La | Li | Sa — ma

Fo | Fu | Po — to

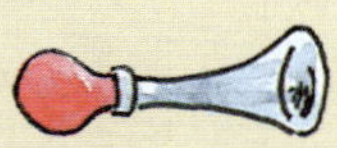
Nu | Hi | Hu — pe

Verbinde.

Pil	
Pel	me
Pal	

Kro	
Kru	ne
Bro	

Dal	
Del	fin
Nel	

Wol	
Sol	ke
Tol	

I	
A	fo
U	

Blu	
Bla	me
Klu	

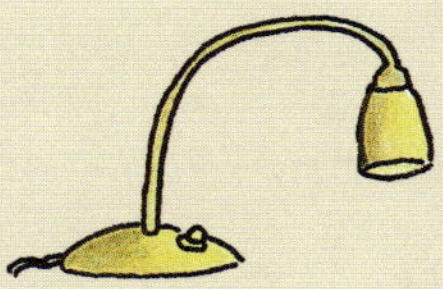

Lim	
Lam	pe
Lem	

Kus	
Kis	te
Mis	

En	
An	te
Te	

Re	
Fau	pe
Rau	

Fan	
Pun	da
Pan	

Ten	
Tin	te
Ton	

Er	
Ar	de
Or	

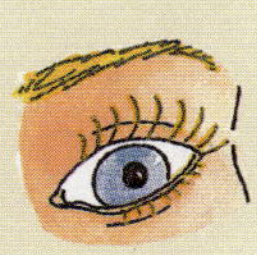

Au	
Mau	ge
A	

Kreise die passende Silbe ein. Schreibe.

Sa / So — Sa lat

Ti / Te — ___ lefon

Pi / Po — ___ lot

Ra / Ru — ___ dio

Ma / Me — ___ lone

Ge / Go — ___ müse

Li / La — ___ terne

Ka / Kä — ___ se

Ro / Rö — ___ se

A / E — ___ lefant

Al / Au — ___ to

Mö / Mo — ___ we

A / E — ___ nanas

Li / La — ___ neal

Ko / Kö — ___ nig

Os / So — ___ tern

Verbinde.

Na

me
mo
li

Do

me
se
te

Di

no
mo
so

Blü

ne
to
te

Ra

ke
be
bo

Ki

lo
la
po

Bir

te
se
ne

La

mo
ga
ma

Tan

to
te
pe

Lu

pe
we
ne

Ha

sa
le
se

U

fa
lo
fo

Mö

wo
we
wi

Li

mo
so
ma

Verbinde.

Del — fon / fan / fin

Ka — min / mun / lin

Pi — lot / lat / not

Pla — met / net / nat

Re — gol / gil / gal

O — pu / pa / mu

Sa — lat / rat / nat

Ki — wi / ti / si

Po — kil / kal / kol

Au — so / wo / to

Ka — mel / lem / mul

Pi — rit / rat / sat

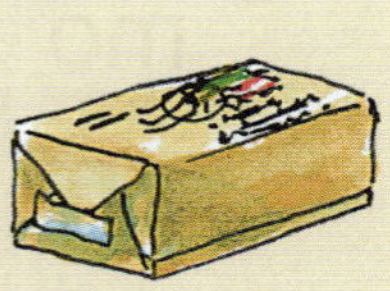

Pa — ket / pet / kat

Ig — lu / la / le

Kreise die passende Silbe ein. Schreibe.

Pan da — do / da

Sala — mu / mi

Bro — te / tu

Rake — to / te

Au — ta / to

Di — no / na

Toma — te / to

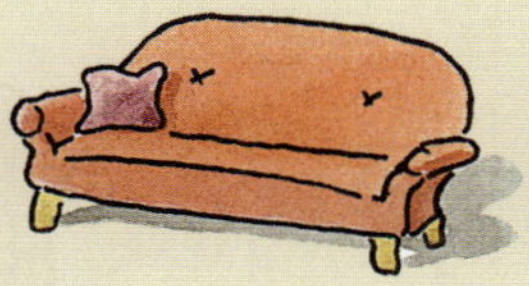
So — fu / fa

Po — pa / po

Bana — ne / nu

Line — ul / al

Melo — ne / no

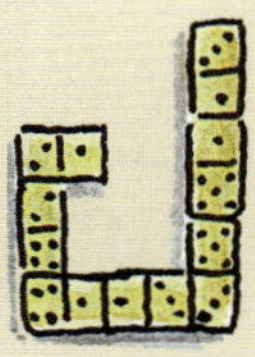
Domi — no / nu

Ze — bra / bri

Kak — tat / tus

Kroko — dal / dil

Schreibe die Wörter.

Berg	Kreis	Maus
Mund	Haus	Salz
Nest	Ohr	Wald
Bild	~~Pferd~~	Keks
Mann	Uhr	Hund

Pferd

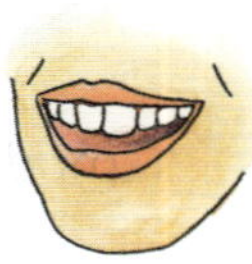

Male richtig an.

Tiere: Pflanzen: Dinge:

Busch	Ball	Löwe
Käfer	Baum	Hose
Hund	Telefon	Ente
Blume	Tür	Maus
Auto	Wal	Hut
Bär	Heft	Rose
Bus	Palme	Rabe
Gras	Lama	Krone

Male richtig an.

Tiere: ✸ Essen: ✸ Menschen: ✸

Wolf	Schwester	Brot
Hase	Banane	Opa
Salat	Mama	Elefant
Kind	Zitrone	Raupe
Zebra	Salami	Oma
Papa	Melone	Krokodil
Tomate	Frau	Käse
Tante	Schokolade	Bruder

Ordne und schreibe die Wörter.

~~Delfin~~	~~Flöte~~	~~Salami~~	Melone
Hund	Käse	Hose	Raupe
Banane	Dose	Elefant	Wolf
Zitrone	Ente	Brot	Bus

Tiere

Delfin

Essen

Salami

Dinge

Flöte

1 Male richtig an. am ma

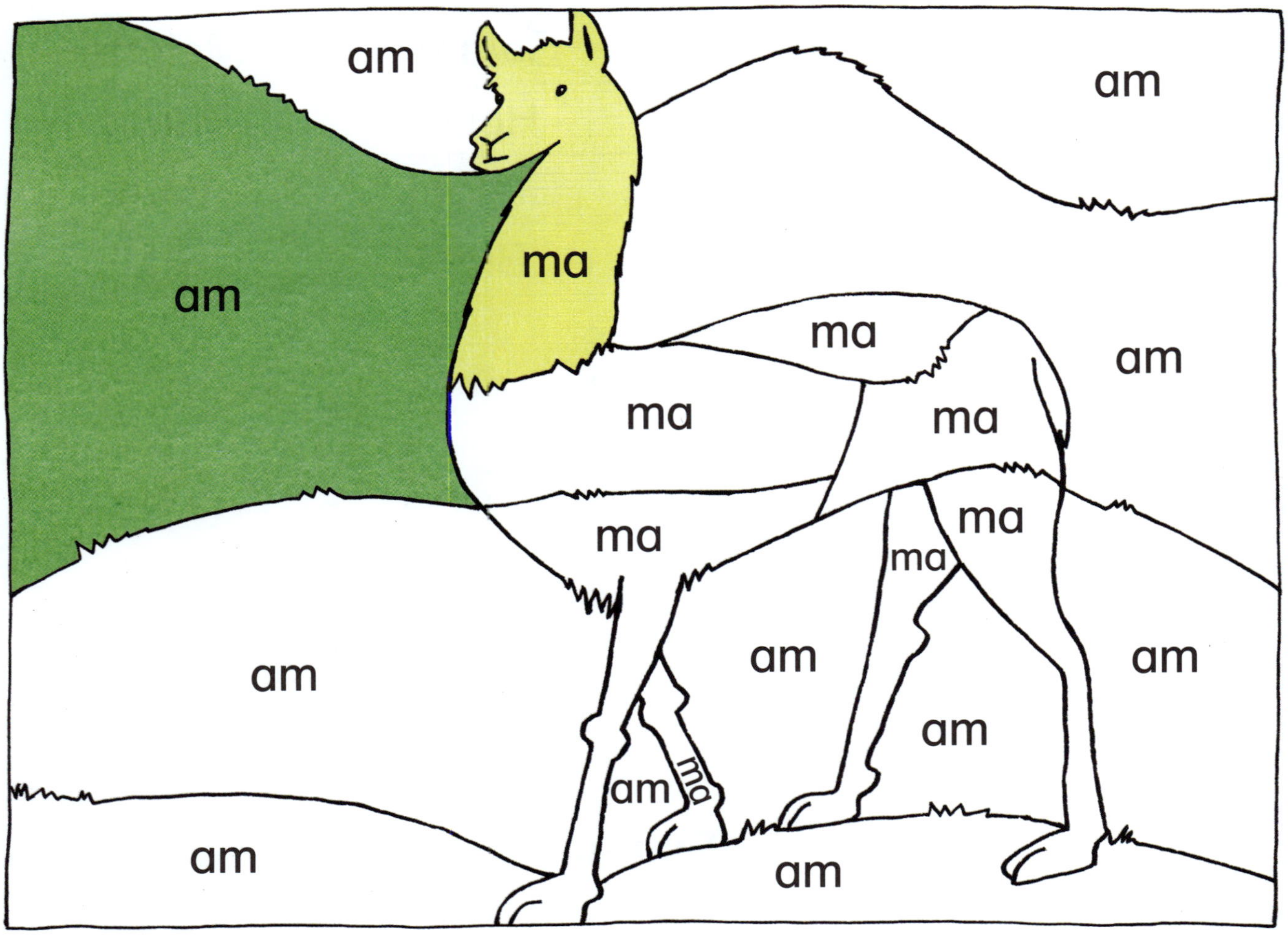

2 Schreibe die Wörter.

Ampel	Lama	Tomate	~~Amsel~~

Amsel

1 Klatsche die Silben.

2 Male die Silbenbögen.

1 Klatsche die Silben.

2 Male die Silbenbögen.

1 Klatsche die Silben.

2 Male die Silbenbögen.

Das Alphabet

Verbinde die Buchstaben.

Aa Bb Cc Dd Ee Ff Gg Hh Ii Jj Kk Ll Mm

Nn Oo Pp Qq Rr Ss Tt Uu Vv Ww Xx Yy Zz

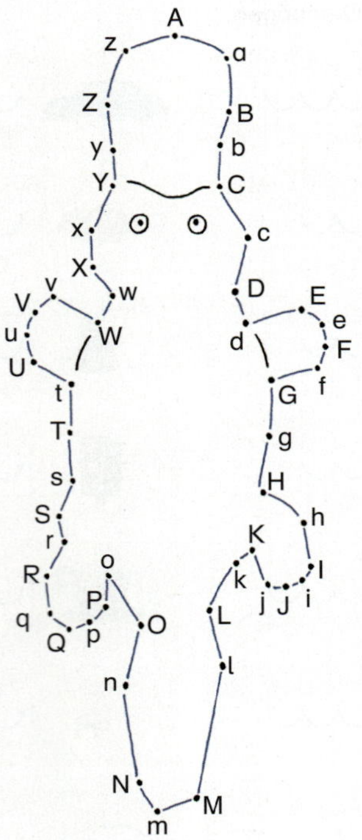

Die Buchstaben des Alphabets schreiben

Spure die Buchstaben nach. Wiederhole es mehrmals.

A a, B b, C c, D d, E e, F f, G g, H h, I i

J j, K k, L l, M m, N n, O o, P p, Q q, R r

S s, T t, U u, V v, W w, X x, Y y, Z z

Nomen: Startsilben verbinden

Verbinde.

Startsilben	Endsilbe
Ro / Bo / Re	se
Na / Lo / **No**	te
Lu / La / **Lö**	we
Sa / **So** / To	fa
Ho / Hi / Fo	se
Nu / **Na** / Ne	me
Le / Bi / **Li**	mo
Ra / Ka / Ro	be
La / Lo / **Lu**	pe
Ta / **Tü** / Lü	te
Nu / **Na** / Ma	se
La / Li / Sa	ma
Fo / Fu / Po	to
Nu / Hi / **Hu**	pe

Nomen: Startsilben verbinden

Verbinde.

Startsilben	Endsilbe
Pil / Pel / **Pal**	me
Kro / Kru / Bro	ne
Dal / **Del** / Nel	fin
Wol / Sol / Tol	ke
I / A / **U**	fo
Blu / Bla / Klu	me
Lim / **Lam** / Lem	pe
Kus / **Kis** / Mis	te
En / An / Te	te
Re / Fau / **Rau**	pe
Fan / Pun / **Pan**	da
Ten / **Tin** / Ton	te
Er / Ar / Or	de
Au / Mau / A	ge

Nomen: Startsilben schreiben

Kreise die passende Silbe ein. Schreibe.

Silben	Lösung	Wort
Sa / So	(Sa)	Salat
Pi / Po	(Pi)	Pilot
Ma / Me	(Me)	Melone
Li / La	(La)	Laterne
Ro / Rö	(Ro)	Rose
Al / Au	(Au)	Auto
A / E	(A)	Ananas
Ko / Kö	(Kö)	König
Ti / Te	(Te)	Telefon
Ra / Ru	(Ra)	Radio
Ge / Go	(Ge)	Gemüse
Ka / Kä	(Kä)	Käse
A / E	(E)	Elefant
Mö / Mo	(Mö)	Möwe
Li / La	(Li)	Lineal
Os / So	(Os)	Ostern

Nomen: Endsilben verbinden

Verbinde.

Startsilbe	Endsilben	Lösung
Na	me / mo / li	me
Di	no / mo / so	no
Ra	ke / be / bo	be
Bir	te / se / ne	ne
Tan	to / te / pe	te
Ha	sa / le / se	se
Mö	wo / we / wi	we
Do	me / se / te	se
Blü	ne / to / te	te
Ki	lo / la / po	lo
La	mo / ga / ma	ma
Lu	pe / we / ne	pe
U	fa / lo / fo	fo
Li	mo / so / ma	mo

Nomen: Endsilben verbinden

Verbinde.

Startsilbe	Endsilben	Lösung
Del	fon / fan / fin	fin
Pi	lot / lat / not	lot
Re	gol / gil / gal	gal
Sa	lat / rat / nat	lat
Po	kil / kal / kol	kal
Ka	mel / lem / mul	mel
Pa	ket / pet / kat	ket
Ka	min / mun / lin	min
Pla	met / net / nat	net
O	pu / pa / mu	pa
Ki	wi / ti / si	wi
Au	so / wo / to	to
Pi	rit / rat / sat	rat
Ig	lu / la / le	lu

Nomen: Endsilben schreiben

Kreise die passende Silbe ein. Schreibe.

Wort	Silben	Lösung
Panda	do / da	(da)
Brote	te / tu	(te)
Auto	ta / to	(to)
Tomate	te / to	(te)
Popo	pa / po	(po)
Lineal	ul / al	(al)
Domino	no / nu	(no)
Kaktus	tat / tus	(tus)
Salami	mu / mi	(mi)
Rakete	to / te	(te)
Dino	no / na	(no)
Sofa	fu / fa	(fa)
Banane	ne / nu	(ne)
Melone	ne / no	(ne)
Zebra	bra / bri	(bra)
Krokodil	dal / dil	(dil)

Schreibe die Wörter.

~~Berg~~	~~Kreis~~	~~Maus~~
~~Mund~~	~~Haus~~	~~Salz~~
~~Nest~~	~~Ohr~~	~~Wald~~
~~Bild~~	~~Pferd~~	~~Keks~~
~~Mann~~	~~Uhr~~	~~Hund~~

 Pferd
 Haus
 Mann

 Wald
 Uhr
 Hund

 Maus
 Berg
 Bild

 Keks
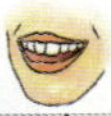 Mund
 Salz

 Ohr
 Nest
 Kreis

Male richtig an.

Tiere: ✱ Pflanzen: ✱ Dinge: ✱

Busch	Ball	Löwe
Käfer	Baum	Hose
Hund	Telefon	Ente
Blume	Tür	Maus
Auto	Wal	Hut
Bär	Heft	Rose
Bus	Palme	Rabe
Gras	Lama	Krone

Male richtig an.

Tiere: ✱ Essen: ✱ Menschen: ✱

Wolf	Schwester	Brot
Hase	Banane	Opa
Salat	Mama	Elefant
Kind	Zitrone	Raupe
Zebra	Salami	Oma
Papa	Melone	Krokodil
Tomate	Frau	Käse
Tante	Schokolade	Bruder

Ordne und schreibe die Wörter.

~~Delfin~~	~~Flöte~~	~~Salami~~	~~Melone~~
~~Hund~~	~~Käse~~	~~Hose~~	~~Raupe~~
~~Banane~~	~~Dose~~	~~Elefant~~	~~Wolf~~
~~Zitrone~~	~~Ente~~	~~Brot~~	~~Bus~~

Tiere

Delfin	Hund
Raupe	Elefant
Wolf	Ente

Essen

Salami	Melone
Käse	Banane
Zitrone	Brot

Dinge

Flöte	Hose
Dose	Bus

am oder ma?

1 Male richtig an. am ma

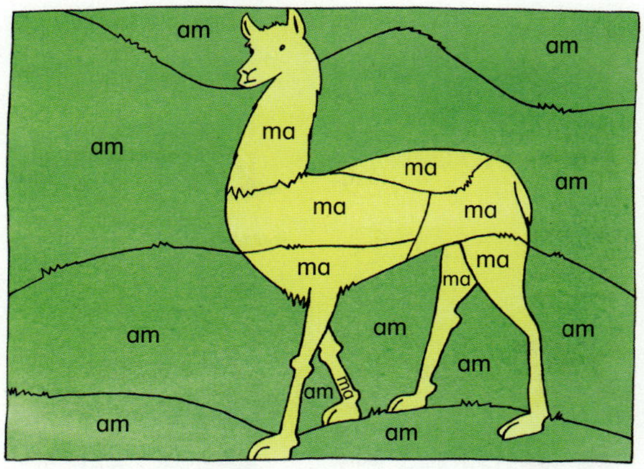

2 Schreibe die Wörter.

~~Ampel~~	~~Lama~~	~~Tomate~~	~~Amsel~~

Amsel

Tomate

Lama

Ampel

Ableiten: Umlaute o → ö, u → ü

1 Aus 1 mach 2.

~~Röcke~~	~~Körbe~~	~~Wölfe~~	~~Frösche~~

Rock	o → ö	Röcke
Wolf	o → ö	Wölfe
Korb	o → ö	Körbe
Frosch	o → ö	Frösche

2 Aus 1 mach 2.

~~Kühe~~	~~Büsche~~	~~Türme~~	~~Würste~~

Turm	u → ü	Türme
Kuh	u → ü	Kühe
Busch	u → ü	Büsche
Wurst	u → ü	Würste

Ableiten: Umlaute o → ö, u → ü

Schreibe die Wörter.

~~Sohn/Söhne~~	~~Fuß/Füße~~
~~Bruder/Brüder~~	~~Buch/Bücher~~
~~Vogel/Vögel~~	

Hugo hat einen Bruder.
Ich habe zwei Brüder.

Das Buch ist dick.
Die Bücher sind dünn.

Der Fuß ist klein.
Die Füße sind groß.

Papa hat einen Sohn.
Roland hat zwei Söhne.

Ein Spatz ist ein Vogel.
Erika mag alle Vögel.

Nomen: Endungen -el, -en, -er

Verbinde.

Am	kel / del / pel	Am – pel
Gar	ken / ten / sen	Gar – ten
Kle	ser / ber / ker	Kle – ber
Na	gel / rel / fel	Na – gel
Man	sel / tel / kel	Man – tel
Fa	den / gen / sen	Fa – den
Bil	ner / ker / der	Bil – der
Ma	ler / ter / per	Ma – ler
Ha	ken / gen / men	Ha – ken
Pin	tel / bel / sel	Pin – sel
Wa	len / men / gen	Wa – gen
Ti	ner / ser / ger	Ti – ger
Ku	rel / gel / bel	Ku – gel
Wur	fel / zel / gel	Wur – zel

Verbinde.

Na	sel, del, rel	Na – del
I	gel, tel, mel	I – gel
Ta	gel, nel, fel	Ta – fel
E	bel, gel, sel	E – sel
Flü	gel, tel, mel	Flü – gel
Ga	sel, bel, kel	Ga – bel
Ra	sen, ken, pen	Ra – sen
O	den, len, fen	O – fen
Be	wen, gen, sen	Be – sen
Re	gen, ten, ren	Re – gen
Fe	mer, der, ser	Fe – der
Ka	ber, ger, ter	Ka – ter
Bru	ser, ler, der	Bru – der
Kä	fer, ger, ter	Kä – fer

Kreise die passende Silbe ein. Schreibe.

Wort	Silben (eingekreist)
Ha fen	(fen) fel
Fe der	(der) del
Nu del	der (del)
Be sen	sel (sen)
Ta fel	(fel) fer
U fer	(fer) fen
Ti ger	gel (ger)
Pin sel	(sel) ser
Ro sen	(sen) sel
I gel	ger (gel)
Ka bel	(bel) ber
Na sen	sel (sen)
Ho sen	ser (sen)
Am pel	(pel) per
Na del	der (del)
Ha sen	(sen) ser

Kreise die passende Silbe ein. Schreibe.

Wort	Silben (eingekreist)
Kar ten	tel (ten)
In sel	(sel) ser
Do sen	(sen) sel
Hams ter	(ter) ten
Se gel	ger (gel)
Bil der	(der) del
Ha ken	(ken) ker
Man tel	ter (tel)
Jä ger	(ger) gel
Win ter	(ter) tel
E sel	(sel) ser
Pu del	der (del)
Kno ten	ter (ten)
Kü ken	(ken) ker
Ne bel	(bel) ber
Bau er	(er) el

Verbinde. Schreibe die Wörter.

Ga	bel	Gabel
Kä	fer	Käfer
Be	tel	Besen
Man	sen	Mantel
Am	ten	Ampel
Kno	pel	Knoten
Bo	den	Boden
Se	gel	Segel
Nu	ger	Nudel
Ti	del	Tiger
Ka	bel	Kabel
Re	gen	Regen

Nomen: Endungen -el, -en, -er

Verbinde. Schreibe die Wörter.

Na	sel	Nadel
Pin	del	Pinsel
Blu	men	Blumen
Bo	gen	Bogen
Fens	ler	Fenster
Ma	ter	Maler
Ra	gen	Raben
Wa	ben	Wagen
Ke	gel	Kegel
Wur	zel	Wurzel
Jä	ter	Jäger
Ka	ger	Kater

Wörter mit Sch/sch

1 Schreibe die Nomen mit **Sch/sch**.

~~Tasche~~	~~Schere~~	~~Schaufel~~
~~Kirsche~~	~~Flasche~~	~~Muschel~~
~~Schaukel~~	~~Schal~~	~~Schule~~

Schule, Schere, Schal
Flasche, Kirsche, Muschel
Schaufel, Tasche, Schaukel

2 Schreibe die Verben mit **sch**.

~~schlafen~~	~~waschen~~	~~schaukeln~~
~~schlagen~~	~~schauen~~	~~löschen~~

löschen, schaukeln, schlafen
waschen, schauen, schlagen

Wörter mit Sch/sch

Schreibe die Wörter mit **Sch/sch**.

Schiff	~~Sch~~ ~~ff~~ ~~i~~
Tisch	~~sch~~ ~~T~~ ~~i~~
Schaf	~~Sch~~ ~~f~~ ~~a~~
Busch	~~B~~ ~~u~~ ~~sch~~
Fisch	~~F~~ ~~sch~~ ~~i~~
Schere	~~e~~ ~~Sch~~ ~~r~~ ~~e~~
Dusche	~~D~~ ~~sch~~ ~~e~~ ~~u~~

Verben: Grundform

Verbinde.

Silbe	Endungen	Silbe	Endungen
le	sen / den / pen	ma	gen / fen / len
ru	fen / ken / sen	kle	ten / ben / gen
zei	ten / sen / gen	lau	fen / ben / nen
ge	ben / ken / len	ba	sen / den / ren
fra	den / gen / len	tra	gen / ten / ren
bin	sen / fen / den	tur	nen / zen / len
fin	len / den / sen	tan	fer / ger / zen

Verwandle die Wörter.

sein	zeigen	fahren
kaufen	glauben	fragen
haben	sollen	lernen

leben	b → rn	lernen
rauben	r → gl	glauben
fallen	ll → hr	fahren
laufen	l → k	kaufen
Bein	B → s	sein
graben	gr → h	haben
Ziegen	Zie → zei	zeigen
tragen	t → f	fragen
wollen	w → s	sollen

1 Schreibe die Verben.

kaufen	heißen	hören
bringen	raten	gehen
sehen	haben	sagen

raten	sagen	bringen
hören	kaufen	gehen
heißen	sehen	haben

2 Schreibe die Verben in die richtige Lücke.

hat	ist	fängt

Kira hat einen Ball.

Der Ball ist rund.

Kira fängt den Ball.

1 Schreibe die Verben.

nehmen	husten	tun
fliegen	schreiben	fangen
sitzen	wünschen	werden

wünschen	tun	fangen
fliegen	nehmen	sitzen
husten	schreiben	werden

2 Schreibe die Verben in die richtige Lücke.

will	fragt	geht

Stefan will einen Hund.

Er fragt Mama.

Sie geht mit Stefan ins Tierheim.

1 Schreibe die Nomen mit **Ei/ei**.

Papagei	Eimer	Schwein
Kreide	Ameise	Seil
Schleife	Kleider	Eier

Kreide	Eimer	Schwein
Eier	Papagei	Seil
Ameise	Kleider	Schleife

2 Schreibe die Verben mit **ei**.

schneiden	weinen	feiern
teilen	schreiben	zeigen

teilen	schreiben	weinen
feiern	schneiden	zeigen

Wörter mit Ei/ei

Reime und schreibe.

~~Kreise~~	~~Reis~~	~~scheinen~~	~~drei~~
~~klein~~	~~Schweine~~	~~Schleife~~	~~breit~~
~~weiter~~	~~Seil~~		

leise: Kreise	Eis: Reis
Bein: klein	Leine: Schweine
weinen: scheinen	Ei: drei
Leiter: weiter	Teil: Seil
Seife: Schleife	Zeit: breit

Wörter mit ie

Verbinde. Schreibe die Wörter.

Schie	ne	Schiene
Wie	se	Wiese
Rie	ge	Riese
Zie	se	Ziege
Bie	be	Biene
Lie	ne	Liebe
schie	ben	schieben
flie	gen	fliegen
lie	pen	liegen
pie	gen	piepen
Flie	ge	Fliege
Zwie	bel	Zwiebel

Wörter mit ie

Schreibe die Wörter mit **ie**.

Dieb	~~ie~~ ~~D~~ ~~b~~
Tier	~~ie~~ ~~T~~ ~~r~~
Lied	~~L~~ ~~ie~~ ~~d~~
Brief	~~B~~ ~~f~~ ~~ie~~ ~~r~~
Knie	~~K~~ ~~ie~~ ~~n~~
sieben	~~ie~~ ~~n~~ ~~s~~ ~~e~~ ~~b~~
Papier	~~r~~ ~~a~~ ~~P~~ ~~p~~ ~~ie~~

ei oder ie?

1 Male richtig an. ei ie

2 **ei** oder **ie**? Kreise ein und schreibe.

Z ie ge (ie)	Schw ei n (ei)
S ei l (ei)	Zw ie bel (ie)

b oder d?

1 Male richtig an. b d

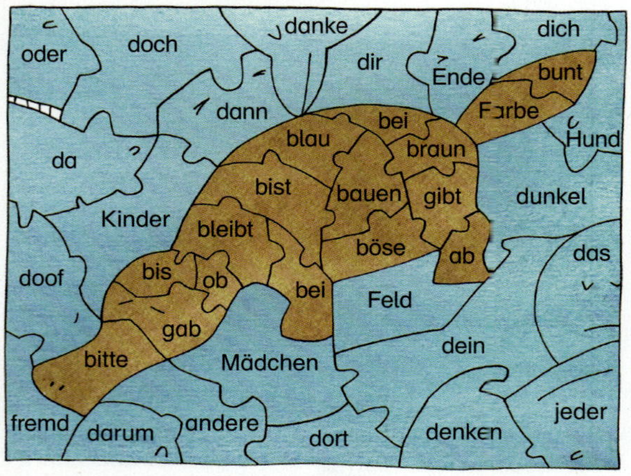

2 **b** oder **d**? Kreise ein und schreibe.

Hel**d**in (b / ⓓ)	Her**b**st (ⓑ / d)
O**b**st (ⓑ / d)	Nu**d**el (b / ⓓ)

Ableiten: Umlaute A/a → Ä/ä

Aus 1 mach 2.

~~Hähne~~	~~Gräser~~	~~Hände~~
~~Gläser~~	~~Räder~~	~~Zähne~~
~~Mäntel~~	~~Bälle~~	~~Äste~~

Ball	a → ä	Bälle
Rad	a → ä	Räder
Mantel	a → ä	Mäntel
Zahn	a → ä	Zähne
Hand	a → ä	Hände
Gras	a → ä	Gräser
Hahn	a → ä	Hähne
Glas	a → ä	Gläser
Ast	A → Ä	Äste

Ableiten: Umlaute a → ä

Schreibe die Wörter.

~~Blatt/Blätter~~	~~Bank/Bänke~~
~~Saft/Säfte~~	~~Schrank/Schränke~~
~~Hals/Hälse~~	

Das Blatt ist grün.
Die Blätter werden gelb.

Der Hals ist lang.
Die Hälse sind länger.

Der Saft ist lecker.
Die Säfte sind auch lecker.

Der Schrank ist alt.
Die Schränke sind älter.

Die Bank ist aus Holz.
Die Bänke sind aus Plastik.

Ableiten: Umlaute au → äu

Aus 1 mach 2.

~~Zäune~~	~~Träume~~	~~Bäume~~
~~Häuser~~	~~Kräuter~~	~~Bäuche~~
~~Räume~~	~~Läuse~~	~~Mäuse~~

Bauch	au → äu	Bäuche
Zaun	au → äu	Zäune
Maus	au → äu	Mäuse
Traum	au → äu	Träume
Haus	au → äu	Häuser
Kraut	au → äu	Kräuter
Baum	au → äu	Bäume
Laus	au → äu	Läuse
Raum	au → äu	Räume

Ableiten: Umlaute au → äu

Schreibe die Wörter.

~~Strauß/Sträuße~~	~~Traum/Träume~~
~~laufen/Läufer~~	~~Haut/Häute~~
~~Strauch/Sträucher~~	

Der Strauß ist toll.
Die Sträuße sind bunt.

Der Traum ist komisch.
Die Träume sind lang.

Der Strauch ist klein.
Die Sträucher sind groß.

Die Haut ist schön.
Die Häute sind gesund.

Wir laufen.
Der Läufer ist schneller.

Verkleinerungsform (A/a → Ä/ä, u → ü, o → ö, au → äu)

Aus groß mach klein.

~~Bäumchen~~	~~Brötchen~~	~~Lämpchen~~
~~Häschen~~	~~Blümchen~~	~~Mäuschen~~
~~Höschen~~	~~Ärmchen~~	~~Hütchen~~

Hase → Häschen
Arm → Ärmchen
Lampe → Lämpchen
Baum → Bäumchen
Maus → Mäuschen
Brot → Brötchen
Hose → Höschen
Hut → Hütchen
Blume → Blümchen

Wörter mit ch

1 Schreibe die Nomen mit **ch**.

~~Gesicht~~	~~Eiche~~	~~Buch~~
~~Fächer~~	~~Milch~~	~~Bauch~~
~~Nacht~~	~~Rauch~~	~~Kuchen~~

Rauch Bauch Buch
Eiche Fächer Kuchen
Gesicht Milch Nacht

2 Schreibe die Verben mit **ch**.

~~brauchen~~	~~machen~~	~~suchen~~
~~kochen~~	~~rechnen~~	~~lachen~~

machen kochen lachen
suchen rechnen brauchen

Wörter mit ch

Verwandle die Wörter.

~~Woche~~	~~Licht~~	~~Töchter~~
~~Strauch~~	~~Koch~~	~~reich~~
~~nachts~~	~~Früchte~~	~~tauchen~~

Küche	**Kü → Wo**	Woche
Fach	**Fa → Ko**	Koch
acht	**a → Li**	Licht
Streich	**ei → au**	Strauch
nichts	**i → a**	nachts
wachen	**wa → tau**	tauchen
weich	**w → r**	reich
Nächte	**Nä → Frü**	Früchte
Dichter	**Di → Tö**	Töchter

Wörter mit Pf/pf

Verbinde. Schreibe die Wörter.

Ap	fe	Apfel
Köp	fel	Köpfe
Pfer	me	Pferde
Pflau	de	Pflaume
pfei	fen	pfeifen
pflan	zen	pflanzen
Schnup	fen	Schnupfen
Äp	fel	Äpfel
pfle	ze	pflegen
Pflan	gen	Pflanze
Pfir	fen	Pfirsich
Pfei	sich	Pfeifen

Wörter mit ck

Verwandle die Wörter.

~~Rücken~~	~~lecker~~	~~Rock~~
~~backen~~	~~stecken~~	~~nicken~~
~~Zucker~~	~~wackeln~~	~~Hecke~~

baden	d → ck	backen
blicken	bl → n	nicken
locker	o → e	lecker
Rüben	b → ck	Rücken
Bäcker	Bä → Zu	Zucker
wickeln	i → a	wackeln
dick	di → Ro	Rock
Decke	D → H	Hecke
stechen	ch → ck	stecken

Wörter mit tz

1 Schreibe die Nomen mit **tz**.

~~Blitz~~	~~Spatz~~	~~Platz~~
~~Schatz~~	~~Satz~~	~~Sitz~~
~~Mütze~~	~~Pfütze~~	~~Katze~~

Platz Katze Schatz

Sitz Blitz Satz

Spatz Pfütze Mütze

2 Schreibe die Verben mit **tz**.

~~sitzen~~	~~schwitzen~~	~~putzen~~
~~spritzen~~	~~kratzen~~	~~schnitzen~~

schnitzen spritzen sitzen

putzen schwitzen kratzen

Wörter mit Sp/sp

Verwandle die Wörter.

~~sprechen~~	~~Spiel~~	~~sparen~~
~~Spiegel~~	~~springen~~	~~spielen~~
~~Spinne~~	~~Sport~~	~~Spange~~

spüren	ü → a	sparen
spülen	ü → ie	spielen
Spargel	ar → ie	Spiegel
stechen	st → spr	sprechen
Hort	H → Sp	Sport
Stange	St → Sp	Spange
Tanne	Ta → Spi	Spinne
singen	s → spr	springen
Stiel	St → Sp	Spiel

Wörter mit St/st

Verwandle die Wörter.

~~Stange~~	~~Stein~~	~~stellen~~
~~Stimme~~	~~still~~	~~Stunde~~
~~Stern~~	~~Strauch~~	~~Stift~~

Stämme	ä → i	Stimme
gern	g → St	Stern
Gift	G → St	Stift
Spange	Sp → St	Stange
will	w → st	still
Kunde	K → St	Stunde
stehen	h → ll	stellen
Bauch	B → Str	Strauch
Bein	B → St	Stein

ng oder nk?

Schreibe die Wörter.

~~Ring/Dank~~	~~singen/trinken~~
~~Schlange/Danke~~	~~Finger/Finken~~
~~Zunge/Punkte~~	

Ein  Finger ist Teil der Hand.

 Finken sind Vögel.

Der  Ring ist aus Silber.

Der  Dank ist groß.

Die  Schlange mag Eier.

Steffi will 

Danke sagen.

Wir  singen laut.

Wir  trinken Wasser.

Die  Zunge ist dick.

Sie hat Punkte.

ng oder nk?

ng oder **nk**? Kreise ein und schreibe.

 du nk el (ng / **nk** eingekreist)	 A ng el (**ng** eingekreist / nk)
 Kli ng el (**ng** eingekreist / nk)	 O nk el (ng / **nk** eingekreist)
Pu nk t (ng / **nk** eingekreist)	 Di ng (**ng** eingekreist / nk)
 Ju ng e (**ng** eingekreist / nk)	 Bä nk e (ng / **nk** eingekreist)
 kra nk (ng / **nk** eingekreist)	 e ng (**ng** eingekreist / nk)
 fa ng en (**ng** eingekreist / nk)	 da nk en (ng / **nk** eingekreist)
 Schrä nk e (ng / **nk** eingekreist)	 Za ng e (**ng** eingekreist / nk)
 E ng el (**ng** eingekreist / nk)	 de nk en (ng / **nk** eingekreist)

Wörter mit Doppelkonsonanten

1 Schreibe die Nomen mit Doppelkonsonanten.

~~Hummel~~	~~Sonne~~	~~Pommes~~
~~Butter~~	~~Wasser~~	~~Füller~~
~~Affe~~	~~Puppe~~	~~Busse~~

 Pommes	 Affe	 Puppe
 Butter	 Sonne	 Wasser
 Hummel	 Busse	 Füller

2 Schreibe die Verben mit Doppelkonsonanten.

~~essen~~	~~fallen~~	~~kommen~~
~~rennen~~	~~müssen~~	~~rollen~~

 müssen	 fallen	 rennen
 rollen	 essen	 kommen

Wörter mit Doppelkonsonanten

1 Schreibe die Nomen mit Doppelkonsonanten.

~~Essen~~	~~Schlitten~~	~~Männer~~
~~Schlüssel~~	~~Teddy~~	~~Hammer~~
~~Spinne~~	~~Treppe~~	~~Mutter~~

 Essen
 Teddy
 Mutter
 Hammer
 Treppe
 Schlüssel
 Männer
 Schlitten
 Spinne

2 Schreibe die Verben mit Doppelkonsonanten.

~~bitten~~	~~tippen~~	~~können~~
~~wollen~~	~~brummen~~	~~füllen~~

 wollen
 bitten
 brummen

können
 füllen
 tippen

Wörter mit Doppelkonsonanten

1 Finde die Gegensätze.

~~hallo~~	~~hell~~	~~satt~~
~~nett~~	~~still~~	~~alles~~
~~flüssig~~	~~schnell~~	

laut	→	still	fest	→	flüssig
dunkel	→	hell	tschüss	→	hallo
langsam	→	schnell	hungrig	→	satt
gemein	→	nett	nichts	→	alles

2 Schreibe die Wörter in die richtige Lücke.

~~Giraffe~~	~~Schmetterling~~	~~Herr~~	~~Tannenbaum~~

Eine Giraffe hat einen langen Hals.
Aus der Raupe wird einmal ein Schmetterling.
Herr und Frau Abel sind verheiratet.
Wir schmücken den Tannenbaum für Weihnachten.

Wochentage

Schreibe die Wochentage.

Montag — ~~t~~ ~~c~~ ~~M~~ ~~n~~ ~~a~~ ~~g~~

Dienstag — ~~t~~ ~~s~~ ~~a~~ ~~n~~ ~~D~~ ~~ie~~ ~~g~~

Mittwoch — ~~o~~ ~~tt~~ ~~i~~ ~~w~~ ~~M~~ ~~ch~~

Donnerstag — ~~s~~ ~~D~~ ~~nn~~ ~~r~~ ~~t~~ ~~g~~ ~~a~~ ~~o~~ ~~e~~

Freitag — ~~r~~ ~~F~~ ~~ei~~ ~~t~~ ~~g~~ ~~a~~

Samstag — ~~c~~ ~~t~~ ~~g~~ ~~S~~ ~~a~~ ~~m~~ ~~s~~

Sonntag — ~~o~~ ~~a~~ ~~t~~ ~~S~~ ~~nn~~ ~~g~~

Wörter mit V/v

1 Schreibe die Wörter mit **V / v**.

~~November~~	~~vier~~	~~Detektiv~~
~~Vogel~~	~~Vater~~	~~Vase~~

 November
 Vater
 vier
 Detektiv
 Vase
 Vogel

2 Schreibe die Wörter mit **V / v** aus Aufgabe 1 in die richtige Lücke.

Im November hat Viktor Geburtstag.
Er ist der Vater von vier Kindern:
Valentin, Viola, Vivi und Hugo.
Die Kinder schenken ihm ein Buch mit einem Detektiv.
Viktor bekommt auch eine Vase mit einem Vogel darauf. Das Buch mag er lieber.

Monatsnamen

1 Schreibe die Monatsnamen.

~~Januar~~	~~Februar~~	~~März~~	~~April~~
~~Mai~~	~~Juni~~	~~Juli~~	~~August~~
~~September~~	~~Oktober~~	~~November~~	~~Dezember~~

Januar

Februar

März

April

Mai

Juni

Juli

August

September

Oktober

November

Dezember

2 Schreibe die Wörter.

~~Jahr~~	~~Monat~~	~~Woche~~

Jahr

Monat

Woche

Wörter mit Qu/qu

1 Schreibe die Nomen mit **Qu/qu**.

~~Quatsch~~	~~Quark~~	~~Aquarium~~
~~Qualle~~	~~Quelle~~	~~Quadrat~~

Qualle

Quadrat

Quelle

Quark

Quatsch

Aquarium

2 Schreibe die Nomen mit **Qu/qu** aus Aufgabe 1 in die richtige Lücke.

Eine Qualle lebt im Meer.

Ein Quadrat hat vier Seiten.

Aus der Quelle fließt Wasser.

Ich mag Kartoffeln mit Quark.

Erik und Mia machen Quatsch.

Im Aquarium schwimmen Fische.

Wörter mit Eu/eu

1 Schreibe die Wörter mit **Eu/eu**.

~~Feuerwehr~~	~~Leute~~	~~Euro~~
~~Eule~~	~~neun~~	~~Scheune~~
~~Beutel~~		

Feuerwehr

Eule

Euro

Leute

neun

Scheune

Beutel

2 Finde die Gegensätze.

~~Freude~~	~~neu~~	~~heute~~
~~Freund~~	~~freuen~~	~~teuer~~

ärgern → freuen

gestern → heute

alt → neu

Feind → Freund

Trauer → Freude

billig → teuer

Wörter mit Y/y

Schreibe die Wörter mit **Y/y**.

Teddy — ~~e~~ ~~dd~~ ~~T~~ ~~y~~

Baby — ~~b~~ ~~a~~ ~~y~~ ~~B~~

Pony — ~~P~~ ~~y~~ ~~o~~ ~~n~~

Yak — ~~a~~ ~~k~~ ~~Y~~

Yeti — ~~e~~ ~~t~~ ~~Y~~ ~~i~~

Handy — ~~a~~ ~~n~~ ~~H~~ ~~d~~ ~~y~~

Yacht — ~~t~~ ~~ch~~ ~~a~~ ~~Y~~

1 Schreibe die Nomen mit **C/c**.

~~Cousin~~	~~Computer~~	~~Clown~~
~~Comic~~	~~Cousine~~	~~Cent~~

 Cousine  Computer  Cousin

 Comic  Clown  Cent

2 Schreibe die Nomen mit **C/c** aus Aufgabe 1 in die richtige Lücke.

Meine Cousine heißt Amelie.

Sie spielt gerne am Computer.

Murat heißt mein Cousin.

Er liest ein Comic.

Es handelt von einem Clown.

Er findet einen Cent.

1 Schreibe die Nomen mit **x**.

~~Nixe~~	~~Lexikon~~	~~Taxi~~
~~Boxer~~	~~Hexe~~	~~Mixer~~

 Nixe  Hexe  Boxer

 Taxi  Lexikon  Mixer

2 Schreibe die Wörter mit **chs**.

~~Fuchs~~	~~Wachs~~	~~Dachs~~
~~sechs~~	~~Lachs~~	~~Luchs~~

 Luchs  sechs  Lachs

 Dachs  Fuchs  Wachs

1 Verwandle die Wörter.

~~Mai~~	~~Laib~~	~~Hai~~	~~Kaiser~~
			~~Mais~~

Heu	**eu → ai**	Hai
Häuser	**Häu → Kai**	Kaiser
Kai	**K → M**	Mai
Laub	**au → ai**	Laib
Maus	**au → ai**	Mais

2 Schreibe die Wörter mit **ai** aus Aufgabe 1 in die richtige Lücke.

Der Hai lebt im Meer.

Deutschland hatte einmal einen Kaiser.

Der Mai ist ein schöner Monat.

Ich kaufe einen Laib Brot.

In der Suppe ist Mais.

1 Aus 1 mach 2.

~~Röcke~~	Körbe	Wölfe	Frösche

	Rock	**o → ö**	Röcke	
	Wolf	**o → ö**		
	Korb	**o → ö**		
	Frosch	**o → ö**		

2 Aus 1 mach 2.

Kühe	Büsche	~~Türme~~	Würste

	Turm	**u → ü**	Türme	
	Kuh	**u → ü**		
	Busch	**u → ü**		
	Wurst	**u → ü**		

Schreibe die Wörter.

Sohn / Söhne	Fuß / Füße
~~Bruder / Brüder~~	Buch / Bücher
Vogel / Vögel	

Hugo hat einen  Bruder.

Ich habe zwei  Brüder.

Das  ________ ist dick.

Die  ________ sind dünn.

Der 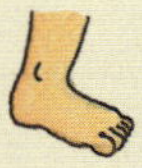 ________ ist klein.

Die 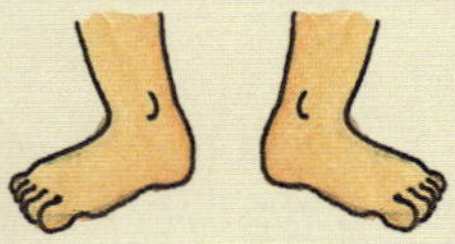 ________ sind groß.

Papa hat einen  ________.

Roland hat zwei  ________.

Ein Spatz ist ein  ________.

Erika mag alle  ________.

Verbinde.

Am — kel / del / pel

Ma — ler / ter / per

Gar — ken / ten / sen

Ha — ken / gen / men

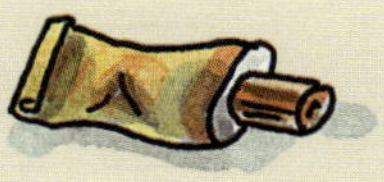

Kle — ser / ber / ker

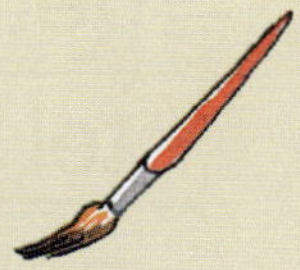

Pin — tel / bel / sel

Na — gel / rel / fel

Wa — len / men / gen

Man — sel / tel / kel

Ti — ner / ser / ger

Fa — den / gen / sen

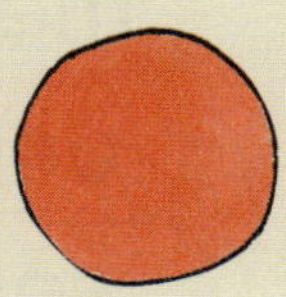

Ku — rel / gel / bel

Bil — ner / ker / der

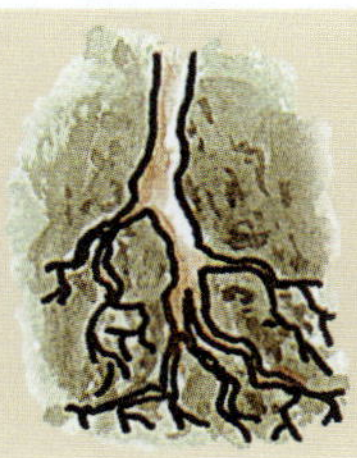

Wur — fel / zel / gel

Verbinde.

Na — sel / del / rel

I — gel / tel / mel

Ta — gel / nel / fel

E — bel / gel / sel

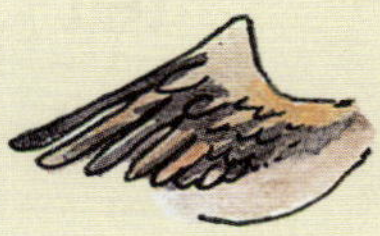

Flü — gel / tel / mel

Ga — sel / bel / kel

Ra — sen / ken / pen

O — den / len / fen

Be — wen / gen / sen

Re — gen / ten / ren

Fe — mer / der / ser

Ka — ber / ger / ter

Bru — ser / ler / der

Kä — fer / ger / ter

Kreise die passende Silbe ein. Schreibe.

Ha fen — fen / fel

Fe — der / del

Nu — der / del

Be — sel / sen

Ta — fel / fer

U — fer / fen

Ti — gel / ger

Pin — sel / ser

Ro — sen / sel

I — ger / gel

Ka — bel / ber

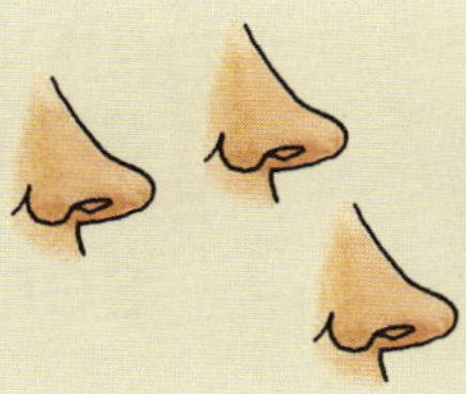
Na — sel / sen

Ho — ser / sen

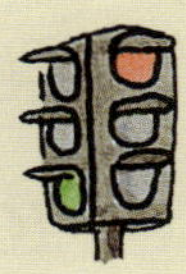
Am — pel / per

Na — der / del

Ha — sen / ser

Kreise die passende Silbe ein. Schreibe.

Kar ten — tel / ten

In ___ — sel / ser

Do ___ — sen / sel

Hams ___ — ter / ten

Se ___ — ger / gel

Bil ___ — der / del

Ha ___ — ken / ker

Man ___ — ter / tel

Jä ___ — ger / gel

Win ___ — ter / tel

E ___ — sel / ser

Pu ___ — der / del

Kno ___ — ter / ten

Kü ___ — ken / ker

Ne ___ — bel / ber

Bau ___ — er / el

Verbinde. Schreibe die Wörter.

Ga	bel		Gabel
Kä	fer		
Be	tel		
Man	sen		
Am	ten		
Kno	pel		
Bo	den		
Se	gel		
Nu	ger		
Ti	del		
Ka	bel	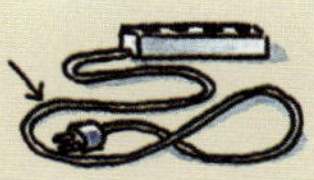	
Re	gen		

Verbinde. Schreibe die Wörter.

Na	sel	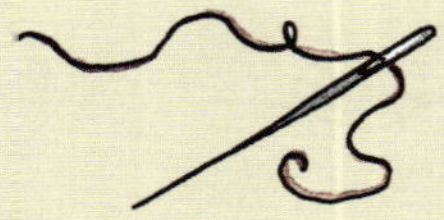	Nadel
Pin	del	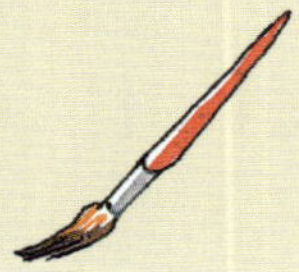	
Blu	men		
Bo	gen		
Fens	ler		
Ma	ter		
Ra	gen		
Wa	ben		
Ke	gel		
Wur	zel	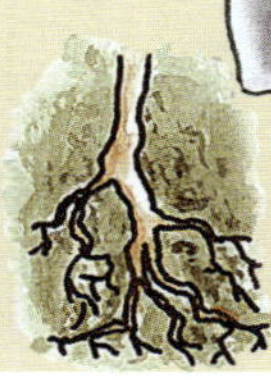	
Jä	ter		
Ka	ger		

1 Schreibe die Nomen mit **Sch/sch**.

Tasche	Schere	Schaufel
Kirsche	Flasche	Muschel
Schaukel	Schal	~~Schule~~

Schule

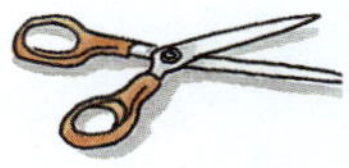

2 Schreibe die Verben mit **sch**.

schlafen	waschen	schaukeln
schlagen	schauen	~~löschen~~

löschen

Schreibe die Wörter mit **Sch/sch**.

Schiff

~~Sch~~ ~~ff~~ ~~i~~

sch T i

Sch f a

B u sch

F sch i

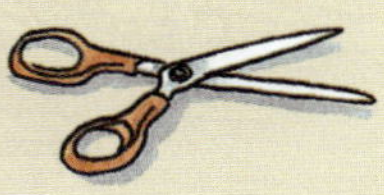

e Sch r e

D sch e u

Verbinde.

le — sen / den / pen

ma — gen / fen / len

ru — fen / ken / sen

kle — ten / ben / gen

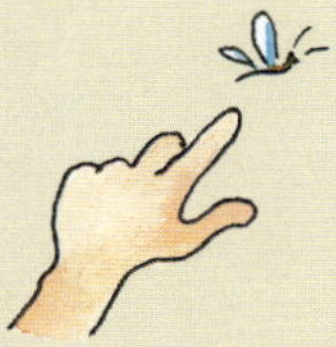

zei — ten / sen / gen

lau — fen / ben / nen

ge — ben / ken / len

ba — sen / den / ren

fra — den / gen / len

tra — gen / ten / ren

bin — sen / fen / den

tur — nen / zen / len

fin — len / den / sen

tan — fer / ger / zen

Verwandle die Wörter.

sein	zeigen	fahren
kaufen	glauben	fragen
haben	sollen	~~lernen~~

leben	**b → rn**	lernen
rauben	**r → gl**	
fallen	**ll → hr**	
laufen	**l → k**	
Bein	**B → s**	
graben	**gr → h**	
Ziegen	**Zie → zei**	
tragen	**t → f**	
wollen	**w → s**	

1 Schreibe die Verben.

kaufen	heißen	hören
bringen	~~raten~~	gehen
sehen	haben	sagen

raten

2 Schreibe die Verben in die richtige Lücke.

~~hat~~	ist	fängt

Kira hat einen Ball.

Der Ball ______ rund.

Kira ______ den Ball.

1 Schreibe die Verben.

nehmen	husten	tun
fliegen	schreiben	fangen
sitzen	~~wünschen~~	werden

wünschen

2 Schreibe die Verben in die richtige Lücke.

~~will~~	fragt	geht

Stefan will einen Hund.

Er ______ Mama.

Sie ______ mit Stefan ins Tierheim.

1 Schreibe die Nomen mit **Ei/ei**.

Papagei	Eimer	Schwein
~~Kreide~~	Ameise	Seil
Schleife	Kleider	Eier

Kreide

2 Schreibe die Verben mit **ei**.

schneiden	weinen	feiern
~~teilen~~	schreiben	zeigen

teilen

Reime und schreibe.

~~Kreise~~	Reis	scheinen	drei
klein	Schweine	Schleife	breit
weiter	Seil		

leise

Kreise

Eis

Bein

Leine

weinen

Ei

Leiter

Teil

Seife

Zeit

Verbinde. Schreibe die Wörter.

Schie	ne		Schiene
Wie	se		
Rie	ge		
Zie	se		
Bie	be		
Lie	ne		
schie	ben		
flie	gen		
lie	pen		
pie	gen		
Flie	ge		
Zwie	bel		

Schreibe die Wörter mit **ie**.

Dieb

~~ie~~ ~~D~~ ~~b~~

ie T r

L ie d

B f ie r

K ie n

ie n s e b

r a P p ie

1 Male richtig an. ei ie

2 **ei** oder **ie**? Kreise ein und schreibe.

Z ie ge ei ie

Schw __ n ei ie

S __ l ei ie

Zw __ bel ei ie

1 Male richtig an. b d

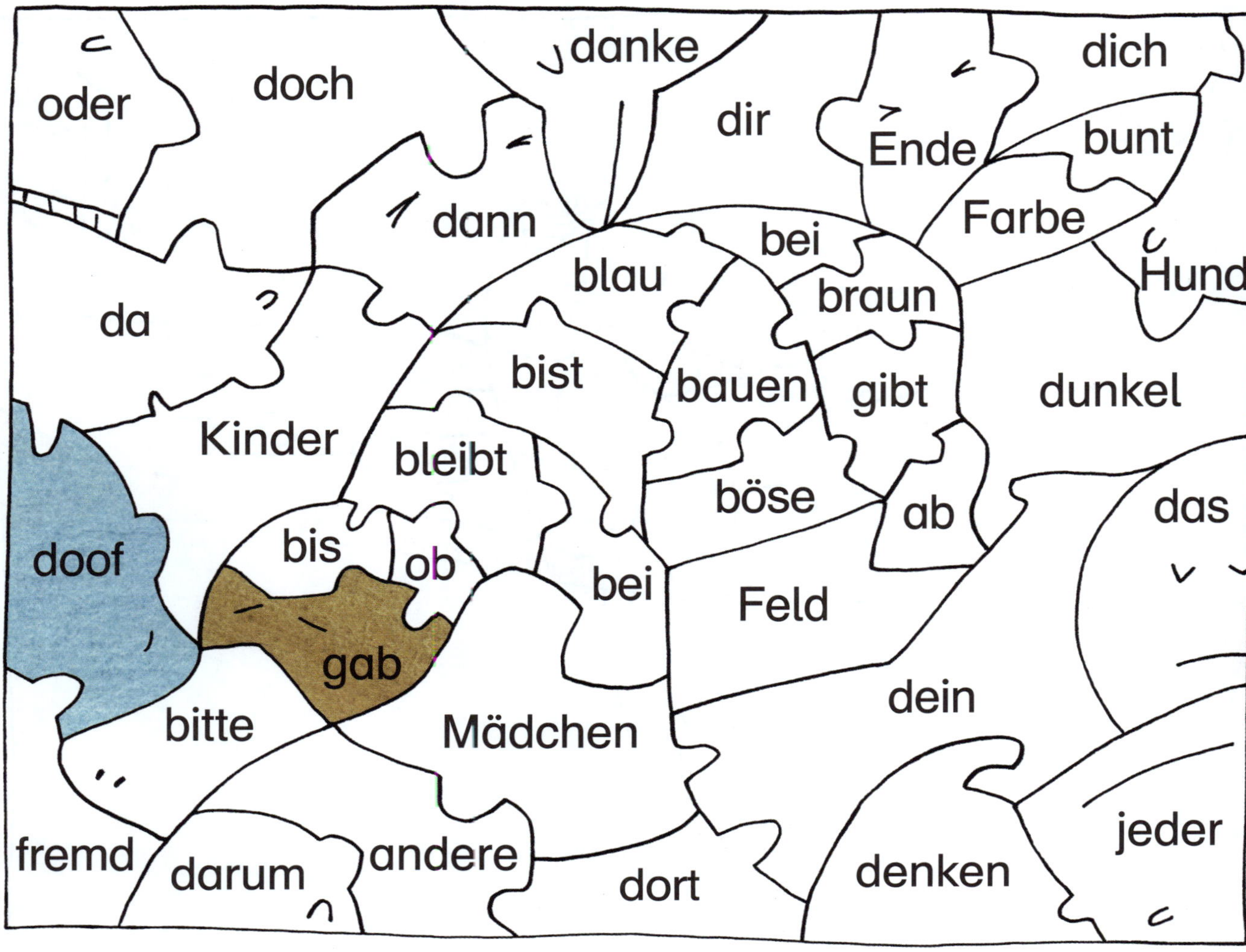

2 **b** oder **d**? Kreise ein und schreibe.

Hel d in — b / d

Her ▢ st — b / d

O ▢ st — b / d

Nu ▢ el — b / d

Aus 1 mach 2.

Hähne	Gräser	Hände
Gläser	Räder	Zähne
Mäntel	~~Bälle~~	Äste

	Ball	a → ä	Bälle	
	Rad	a → ä		
	Mantel	a → ä		
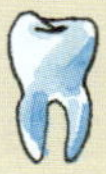	Zahn	a → ä		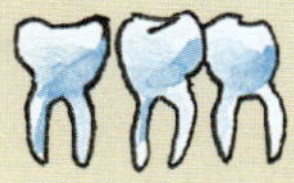
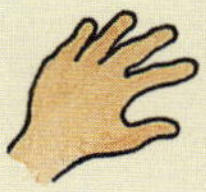	Hand	a → ä		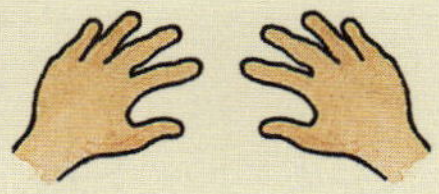
	Gras	a → ä		
	Hahn	a → ä		
	Glas	a → ä		
	Ast	A → Ä		

Schreibe die Wörter.

~~Blatt / Blätter~~	Bank / Bänke
Saft / Säfte	Schrank / Schränke
Hals / Hälse	

Das  Blatt ist grün.

Die  Blätter werden gelb.

Der  _____ ist lang.

Die  _____ sind länger.

Der  _____ ist lecker.

Die  _____ sind auch lecker.

Der  _____ ist alt.

Die  _____ sind älter.

Die 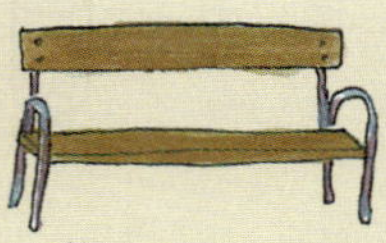 _____ ist aus Holz.

Die  _____ sind aus Plastik.

Aus 1 mach 2.

Zäune	Träume	Bäume
Häuser	Kräuter	~~Bäuche~~
Räume	Läuse	Mäuse

 Bauch **au → äu** Bäuche 

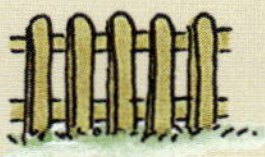 Zaun **au → äu** 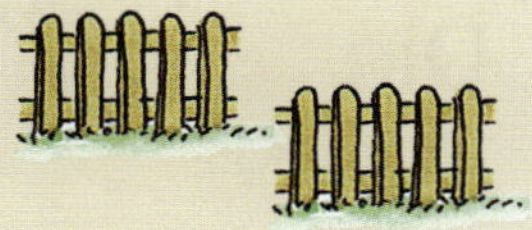

 Maus **au → äu** 

 Traum **au → äu** 

 Haus **au → äu** 

 Kraut **au → äu** 

 Baum **au → äu** 

 Laus **au → äu** 

 Raum **au → äu** 

Schreibe die Wörter.

~~Strauß / Sträuße~~	Traum / Träume
laufen / Läufer	Haut / Häute
Strauch / Sträucher	

Der  Strauß ist toll.

Die  Sträuße sind bunt.

Der  ______ ist komisch.

Die  ______ sind lang.

Der  ______ ist klein.

Die  ______ sind groß.

Die  ______ ist schön.

Die 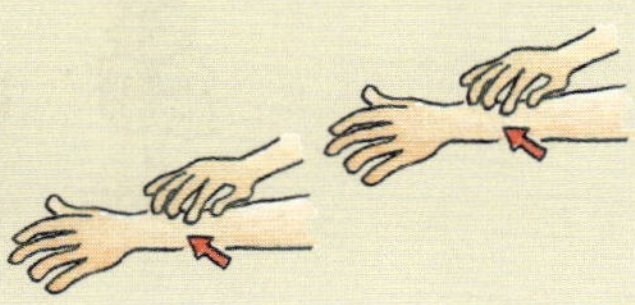 ______ sind gesund.

Wir  ______.

Der  ______ ist schneller.

Aus groß mach klein.

Bäumchen	Brötchen	Lämpchen
~~Häschen~~	Blümchen	Mäuschen
Höschen	Ärmchen	Hütchen

 Hase → Häschen 

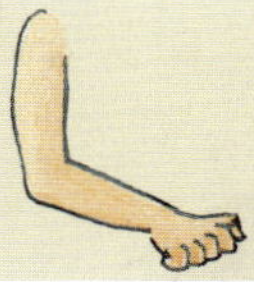 Arm → 

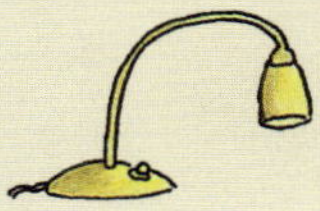 Lampe → 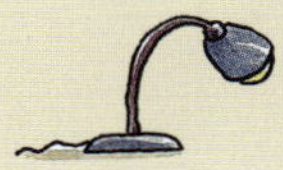

 Baum → 

 Maus → 

 Brot → 

 Hose → 

 Hut → 

 Blume → 

1 Schreibe die Nomen mit **ch**.

Gesicht	Eiche	Buch
Fächer	Milch	Bauch
Nacht	~~Rauch~~	Kuchen

Rauch

2 Schreibe die Verben mit **ch**.

brauchen	~~machen~~	suchen
kochen	rechnen	lachen

machen

Verwandle die Wörter.

~~Woche~~	Licht	Töchter
Strauch	Koch	reich
nachts	Früchte	tauchen

Küche	**Kü → Wo**	Woche
Fach	**Fa → Ko**	
acht	**a → Li**	
Streich	**ei → au**	
nichts	**i → a**	
wachen	**wa → tau**	
weich	**w → r**	
Nächte	**Nä → Frü**	
Dichter	**Di → Tö**	

Verbinde. Schreibe die Wörter.

Ap	fe		Apfel
Köp	fel		
Pfer	me		
Pflau	de		
pfei	fen		
pflan	zen		
Schnup	fen		
Äp	fel		
pfle	ze		
Pflan	gen		
Pfir	fen		
Pfei	sich		

Verwandle die Wörter.

Rücken	lecker	Rock
~~backen~~	stecken	nicken
Zucker	wackeln	Hecke

baden	**d → ck**	backen
blicken	**bl → n**	
locker	**o → e**	
Rüben	**b → ck**	
Bäcker	**Bä → Zu**	
wickeln	**i → a**	
dick	**di → Ro**	
Decke	**D → H**	
stechen	**ch → ck**	

1 Schreibe die Nomen mit **tz**.

Blitz	Spatz	~~Platz~~
Schatz	Satz	Sitz
Mütze	Pfütze	Katze

Platz

2 Schreibe die Verben mit **tz**.

sitzen	schwitzen	putzen
spritzen	kratzen	~~schnitzen~~

schnitzen

Verwandle die Wörter.

sprechen	Spiel	~~sparen~~
Spiegel	springen	spielen
Spinne	Sport	Spange

spüren	**ü → a**	sparen
spülen	**ü → ie**	
Spargel	**ar → ie**	
stechen	**st → spr**	
Hort	**H → Sp**	
Stange	**St → Sp**	
Tanne	**Ta → Spi**	
singen	**s → spr**	
Stiel	**St → Sp**	

Verwandle die Wörter.

Stange	Stein	stellen
~~Stimme~~	still	Stunde
Stern	Strauch	Stift

Stämme	**ä → i**	Stimme
gern	**g → St**	
Gift	**G → St**	
Spange	**Sp → St**	
will	**w → st**	
Kunde	**K → St**	
stehen	**h → ll**	
Bauch	**B → Str**	
Bein	**B → St**	

Schreibe die Wörter.

Ring / Dank	singen / trinken
Schlange / Danke	~~Finger / Finken~~
Zunge / Punkte	

Ein 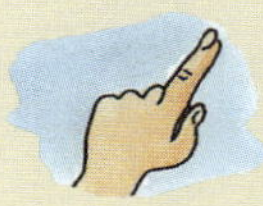 Finger ist Teil der Hand.

 Finken sind Vögel.

Der  ________ ist aus Silber.

Der  ________ ist groß.

Die  ________ mag Eier.

Steffi will 

________ sagen.

Wir  ________ laut.

Wir  ________ Wasser.

Die  ________ ist dick.

Sie hat 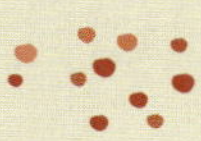 ________.

ng oder **nk**? Kreise ein und schreibe.

 du nk el — ng / (nk)

 A ___ el — ng / nk

 Kli ___ el — ng / nk

 O ___ el — ng / nk

 Pu ___ t — ng / nk

 Di ___ — ng / nk

 Ju ___ e — ng / nk

 Bä ___ e — ng / nk

 kra ___ — ng / nk

 e ___ — ng / nk

 fa ___ en — ng / nk

da ___ en — ng / nk

 Schrä ___ e — ng / nk

 Za ___ e — ng / nk

 E ___ el — ng / nk

 de ___ en — ng / nk

1 Schreibe die Nomen mit Doppelkonsonanten.

Hummel	Sonne	~~Pommes~~
Butter	Wasser	Füller
Affe	Puppe	Busse

Pommes

2 Schreibe die Verben mit Doppelkonsonanten.

essen	fallen	kommen
rennen	~~müssen~~	rollen

müssen

1 Schreibe die Nomen mit Doppelkonsonanten.

~~Essen~~	Schlitten	Männer
Schlüssel	Teddy	Hammer
Spinne	Treppe	Mutter

Essen

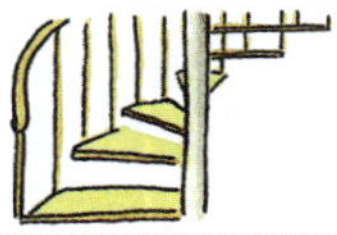

2 Schreibe die Verben mit Doppelkonsonanten.

bitten	tippen	können
~~wollen~~	brummen	füllen

wollen

1 Finde die Gegensätze.

hallo	hell	satt
nett	~~still~~	alles
flüssig	schnell	

laut → still

fest → ______

dunkel → ______

tschüss → ______

langsam → ______

hungrig → ______

gemein → ______

nichts → ______

2 Schreibe die Wörter in die richtige Lücke.

~~Giraffe~~	Schmetterling	Herr	Tannenbaum

Eine Giraffe hat einen langen Hals.

Aus der Raupe wird einmal ein ______.

______ und Frau Abel sind verheiratet.

Wir schmücken den ______ für Weihnachten.

Schreibe die Wochentage.

Montag

~~t~~ ~~o~~ ~~M~~ ~~n~~ ~~a~~ ~~g~~

t s D a n ie g

o tt i w M ch

s D nn r t g a o e

F r ei t a g

a S t g a m s

o S a t nn g

1 Schreibe die Wörter mit **V/v**.

~~November~~	vier	Detektiv
Vogel	Vater	Vase

November

2 Schreibe die Wörter mit **V/v** aus Aufgabe 1
in die richtige Lücke.

Im November hat Viktor Geburtstag.

Er ist der ________ von ________ Kindern:

Valentin, Viola, Vivi und Hugo.

Die Kinder schenken ihm ein Buch

mit einem ________.

Viktor bekommt auch eine ________ mit einem

________ darauf. Das Buch mag er lieber.

1 Schreibe die Monatsnamen.

~~Januar~~	Februar	März	April
Mai	Juni	Juli	August
September	Oktober	November	Dezember

Januar

2 Schreibe die Wörter.

~~Jahr~~	Monat	Woche

Jahr

1 Schreibe die Nomen mit **Qu/qu**.

Quatsch	Quark	Aquarium
~~Qualle~~	Quelle	Quadrat

Qualle

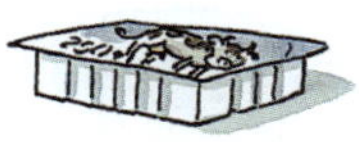

2 Schreibe die Nomen mit **Qu/qu** aus Aufgabe 1 in die richtige Lücke.

Eine Qualle lebt im Meer.

Ein ________ hat vier Seiten.

Aus der ________ fließt Wasser.

Ich mag Kartoffeln mit ________.

Erik und Mia machen ________.

Im ________ schwimmen Fische.

1 Schreibe die Wörter mit **Eu/eu**.

~~Feuerwehr~~	Leute	Euro
Eule	neun	Scheune
Beutel		

Feuerwehr

2 Finde die Gegensätze.

Freude	neu	heute
Freund	~~freuen~~	teuer

ärgern → freuen

gestern →

alt →

Feind →

Trauer →

billig →

Schreibe die Wörter mit **Y/y**.

Teddy

~~e~~ ~~dd~~ ~~T~~ ~~y~~

b a B y

P y o n

a k Y

e t Y i

a H n d y

t ch a Y

1 Schreibe die Nomen mit **C / c**.

Cousin	Computer	Clown
Comic	~~Cousine~~	Cent

Cousine

2 Schreibe die Nomen mit **C / c** aus Aufgabe 1 in die richtige Lücke.

Meine Cousine heißt Amelie.

Sie spielt gerne am ______.

Murat heißt mein ______.

Er liest ein ______.

Es handelt von einem ______.

Er findet einen ______.

1 Schreibe die Nomen mit **x**.

~~Nixe~~	Lexikon	Taxi
Boxer	Hexe	Mixer

Nixe

2 Schreibe die Wörter mit **chs**.

Fuchs	Wachs	Dachs
sechs	Lachs	~~Luchs~~

Luchs

1 Verwandle die Wörter.

Mai	Laib	~~Hai~~	Kaiser
			Mais

Heu	**eu → ai**	Hai
Häuser	**Häu → Kai**	
Kai	**K → M**	
Laub	**au → ai**	
Maus	**au → ai**	

2 Schreibe die Wörter mit **ai** aus Aufgabe 1 in die richtige Lücke.

Der Hai lebt im Meer.

Deutschland hatte einmal einen ______.

Der ______ ist ein schöner Monat.

Ich kaufe einen ______ Brot.

In der Suppe ist ______.